PETITE TORTUE

sous les vagues

Pour mon fils Bryan, qui adore la mer, avec tout mon amour,
L.A.J.
Pour Brian
K.L.

La Smithsonian Institution
Cet institut de renommée mondiale a été fondé en 1846 par un décret du Congrès américain,
afin d'accomplir les volontés de James Smithson, éminent savant britannique...
qui n'est jamais allé en Amérique! Il a pourtant légué toute sa fortune aux États-Unis pour
"fonder, à Washington, un établissement dédié à l'accroissement et à la diffusion des connaissances"
Totalement indépendante, la Smithsonian Institution se consacre à la recherche et à la conservation
dans le domaine des arts, des sciences et de l'histoire, ainsi qu'à l'instruction du public.
Elle constitue également le plus grand ensemble de musées du monde.

Adaptation graphique: Zaoum

© 1999, Casterman, pour l'édition en langue française
© 1995, Lorraine A. Jay pour le texte
© 1995, Trudy Corporation, 353 Main Avenue, Norwalk, CT 06851 et la Smithsonian Institution,
Washington DC 20560, pour l'édition originale
Titre original: "Sea Turtle Journey, The Story of a Loggerhead Turtle", Soundprints

dépôt légal: octobre 1999 - D 1999/0053/317
ISBN: 2-203-14271-5
imprimé à Singapour

Déposé au ministère de la Justice, Paris
(loi n° 49 956 du 16 juillet 1949 sur les publications destinées à la jeunesse).

PETITE TORTUE

Texte de Lorraine A. Jay • Illustré par Katie Lee
Traduit et adapté par Ariane Chottin

casterman

4

En pleine nuit, sous le ciel étoilé d'une plage de Floride, une minuscule tortue caouanne vient d'éclore. Attirée par les reflets de la lune qui brille sur l'eau, elle quitte son nid enfoui dans le sable et se précipite, avec tous ses frères et sœurs, vers l'océan.

Attention ! Caché dans les dunes, un raton laveur guette la famille de Petite Tortue ; de terribles crabes fantômes surgissent de leurs terriers.

Les petites tortues caouannes plongent dans l'écume.

Sauvées ! Elles s'enfoncent dans l'eau profonde.

Un long voyage commence...

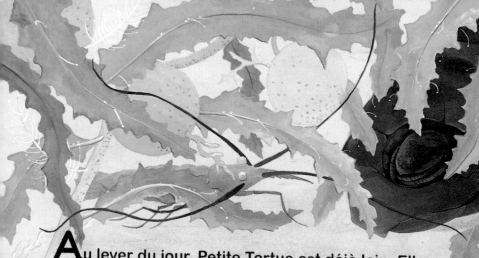

Au lever du jour, Petite Tortue est déjà loin. Elle
nage en surface et respire l'air salé. Elle échappe
à un terrible poisson-chat en se dissimulant
parmi les algues, tout près d'un hippocampe.
Puis elle nage encore et encore avant de s'endormir,
épuisée, dans un berceau de sargasses.

Miii ! **M**iii ! Petite Tortue est réveillée par le cri strident des mouettes venues pêcher. Heureusement les algues la protègent des coups de bec.
Les sargasses forment un véritable garde-manger : poissons, crabes, méduses… La petite caouanne attrape une crevette : c'est son premier repas !

Quelques années plus tard, Petite Tortue a bien grandi : sa carapace mesure presque un mètre ! Elle habite près des côtes. La voici qui poursuit un crabe bigarré qui la menace de ses pinces. **Crac !** Elle le croque d'un coup de bec.

14

Miam, un banc de méduses : quel festin !
Petite Tortue n'a pas vu qu'un fil de pêche dérive
devant elle. Il s'entortille autour de son cou
et de ses nageoires. Plus elle se débat,
plus il se resserre. Elle entend le bourdonnement
d'un moteur qui se rapproche…

15

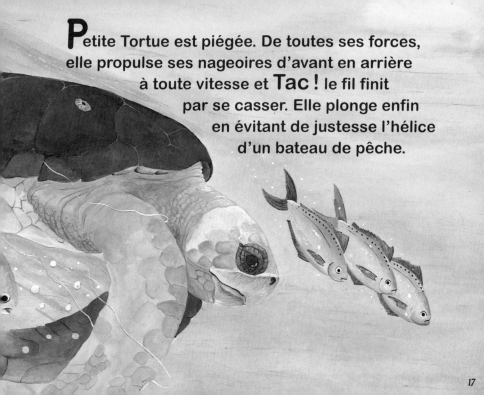

Petite Tortue est piégée. De toutes ses forces, elle propulse ses nageoires d'avant en arrière à toute vitesse et **Tac !** le fil finit par se casser. Elle plonge enfin en évitant de justesse l'hélice d'un bateau de pêche.

Petite Tortue regagne la surface pour
reprendre sa respiration. Des mouettes se
reposent en se laissant flotter sur les vagues.
La nuit tombe. De minuscules créatures luisent
dans l'eau comme des milliers de diamants.
La caouanne plonge et s'endort sous une épave.

Année après année, Petite Tortue parcourt des milliers de kilomètres. Elle aime explorer les récifs de corail et paresser dans les lagons d'eau chaude. Un beau jour de printemps, obéissant à un mystérieux appel, elle commence à refaire son voyage à l'envers…

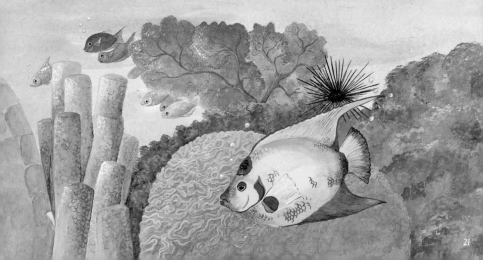

En approchant des côtes, Petite Tortue rencontre un fiancé. Elle fait connaissance et décide de s'accoupler avec lui. Puis elle attend que la marée soit haute et la lune pleine pour regagner la plage où elle est née, bien des années auparavant.

À son tour, Petite Tortue va pondre ses œufs
dans le sable. Elle est sur ses gardes : si un intrus
approche, elle repartira vers l'eau et attendra
un moment plus propice. Elle peine pour atteindre
la dune et s'arrête enfin, épuisée.

Ses yeux sont remplis de larmes salées.

Petite Tortue soulève un nuage
de sable en creusant un grand cratère
pour son immense carapace.
Puis elle agite ses pattes postérieures
comme des pelles pour faire un autre
trou plus profond. C'est là qu'elle dépose,
tout doucement, une centaine d'œufs
blancs et brillants.

Comme une maman qui borde ses enfants dans leurs lits, Petite Tortue recouvre son précieux nid avec du sable et des brindilles. Les œufs doivent êtres bien cachés, sinon les prédateurs pourraient s'en régaler ! Puis elle regagne la mer et disparaît dans le creux d'une vague.

Deux mois plus tard,
un bébé caouanne surgit du sable.
Escorté de ses nombreux frères et sœurs, il traverse
le plus vite possible la plage de sable et fonce vers
l'océan. Il va entreprendre à son tour un bien long voyage…

Les caouannes sont de grandes tortues marines pourvues de mâchoires puissantes qui forment un bec. Ce sont des nageuses extraordinairement agiles. Solitaires, elles quittent la plage à peine écloses pour l'océan. Après vingt ans ou plus, puis tous les deux à cinq ans, la femelle revient pondre sur la plage où elle est née. Selon leur température, les œufs donneront des petites tortues mâles ou femelles.

Les espèces de tortues marines que nous observons aujourd'hui existent depuis environ quatre millions d'années. Ces reptiles extraordinaires sont menacés par les filets de pêche, par la disparition de leurs lieux de reproduction et par le commerce de leur chair ou de leur carapace. Une tortue sur mille survit jusqu'à l'âge adulte !

Pour échapper aux prédateurs, c'est-à-dire aux animaux qui la chassent, **PETITE TORTUE** se cache volontiers dans des nids d'algues. Les sargasses sont des algues brunes qui flottent grâce à leurs petites vésicules remplies d'air. Les carapaces des grandes tortues sont souvent parsemées de crustacés, les bernacles. Les caouannes aiment l'eau chaude des lagons, zones d'eau peu profonde séparées de l'océan par un cordon de sable ou un récif de corail.